PAU
LA
TIM

Ex

Libris Petri Francisci-

Angelloz sacerdotis.

On.

1822.

LE TABLEAV DE LA CROIX REPRESENTÉ dans les ceremonies de la S.^{te} messe ensemble le tresor de la deuotion aux soufrances de N.^{re} S. I. C. le tout enrichi de belles figures.

a Paris, Chez F. Mazot, ruë St Denis prés St Sauueur.
auec Priuilege et Aprobation. 1651.

A Monseigneur le Marquis de Chasteau-neuf Commandeur des Ordres du Roy Gouuerneur et Lieutenant General pour sa Majesté en Touraine et Garde des Sceaux de France

Monseigneur

Je ne dois point craindre que ce Liure ne trouue vostre approbation, puis que c'est vn recueil de Meditations deuotes sur les Mysteres de la Passion applicquées au Saint Sacrifice de la Messe, ensemble des Oraisons addressées aux Saints et aux Saintes que l'Eglise inuoque dans les Litanies. Elles sont accompagnées de leurs Images en taille douce, lesquelles ayant à parestre au Jour, pour la plus grande Gloire de Dieu, et pour l'Vtilité du public. Comme ce sont, Monseigneur, les deux choses que Vous cherissez le plus; aussi me font elles croire que cet Ouurage ne sçauroit auoir vne meilleure Protection que celle de Vostre Grandeur. Receuez le donc, s'il vous plaist, Monseigneur, pour vne marque de mes Respects, et du Deuoir qui m'oblige d'estre

Monseigneur

De Vostre Grandeur

Le tres humble, et tres obeissant Seruiteur
F. Mazot.

ILLVSTRIS SIMVS
VIR DNS CAROLVS
ALBASPINÆVS SACRORVM
GALLIÆ SIGIL- LORV CVSTOS
Questa diu Themis abscon tem te Gallica, rursus
Quæsito meri tis gaudet honore sui.
G. à Geyn scul

KYrie eleison,
Christe eleison,
Kyrie eleison.
Christe audi nos.
Christe exaudi nos.

Pater de cœlis Deus, mise.
Fili Redemptor mũdi Dꝰmi
Spiritus sancte Deus misere.
Sancta Trinitas vnus Deus,
miserere nobis,

ACCESSVS AD ALTARE.

Le Prestre s'approche de l'Autel. *Iesus-Christ s'en va au Iardin d'Oliuet.*

ORATIO
Domine Iesu-Christe fili Dei
viui, qui cœpisti in hora passionis tuæ contristari et
mœstus esse vsque ad mor-
tem; da mihi, vt omnes ærū-
nas meas tibi deuoueam, Deus cordis mei, iunge illas lā-
guoribus ac doloribus tu-
is, vt per merita passionis
tuæ, prosint mihi ad salutem
mentis et corporis. Amē
ORAISON.
Mon Seigneur Iesus-Christ,
qui en l'heure de vostre
mort, aués voulu vous abā
-donner a la crainte et a la
tristesse; je vous cōsacre tous
les ennuis et desplaisirs de ma
vie, vnissés les a vos souffrances,
affin que par les merites de vostre
sang, elles me soient salutaires et
profitables. Amen.
S.TA MARIA. Ora pr.
S.TE GABRIEL Ora.
Concede nos famulos tuos, quæsumus
Domine Deus, perpetua mentis et corporis
sanitate gaudere: et gloriosa beatæ Mariæ
semper virginis intercessione, a præsenti
liberari tristitia, et æterna perfrui læ-
titia. Per Dn̄m nostrum &c.
Gratiam tuam quæsumus Domine,
mentibus nostris infunde: vt qui Angelo nunciante, Christi filij tui incarna-
tionem cognouimus; per passionem
eius et crucem, ad resurrectionis gloriam perducamur. Per Eundem &c.

INITIVM MISSÆ.

Le Prestre commence la Messe.

Iesus-Christ arrivé au Iardin, y fait sa priere.

2

ORATIO.
Domine Iesu Christe fili
Dei viui, qui in oratione
voluisti ab angelo con-
fortari; fac vt per eiusdē
orationis tuæ virtutem,
angelus tuus sanctus
deprecanti mihi, sē-
per assistat. Amen.
ORAISON.
O mon Seigneur filz de
Dieu uiuant, qui aués permis
qu'un Ange vous seruit de conso-
lateur, lors que vous priés vostre
pere. Eternel, que si c'estoit sa volonté vous ne beußies point les
amertumes de la mort; dōnés
moy la grace, d'estre touiours
inspiré et aßisté de mon bon
Ange dās mes prieres, par les
me ri tes de la vr̃e.
Amen.
S.TE MICHAEL. Ora.
S.TE RAPHAEL. Ora.
Deus, qui miro ordine, Angelorum mi- nisteria, hominumque dispensas: concede propitius: ut a quibus tibi minis- trantibus in cœlo semper assistitur, ab
his in terra vita nostra muniatur. Per Dominum nostrum, &c.

AD CONFITEOR.

Le Prestre dict le Confiteor.

Iesus-Christ sue du sang dans l'ardeur de sõ Oraison.

3

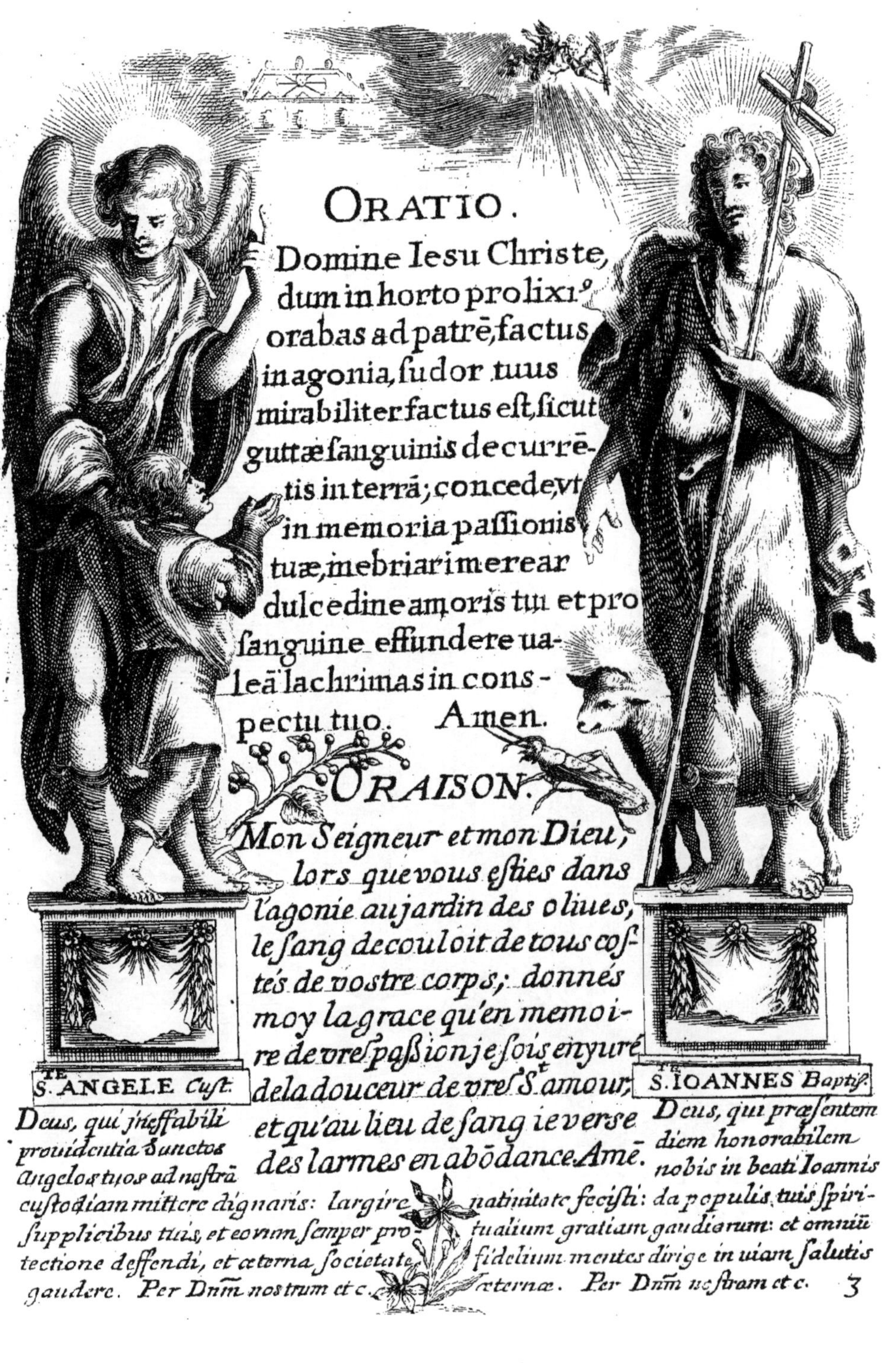
ORATIO.
Domine Iesu Christe,
dum in horto prolixiꝰ
orabas ad patrē, factus
in agonia, ſudor tuus
mirabiliter factus eſt, ſicut
guttæ ſanguinis decurrē-
tis in terrã; concede, vt
in memoria paſſionis
tuæ, inebriari merear
dulcedine amoris tui et pro
ſanguine effundere ua-
leã lachrimas in conſ-
pectu tuo. Amen.
ORAISON.
Mon Seigneur et mon Dieu,
lors que vous eſties dans
l'agonie au jardin des oliues,
le ſang decouloit de tous coſtés de voſtre corps; donnés
moy la grace qu'en memoi-
re de vre ſpaßion je ſois enyuré
de la douceur de vre S.t amour,
et qu'au lieu de ſang ie verse
des larmes en abõdance. Amē.
S.TE ANGELE Cuſt.
Deus, qui ineffabili providentia Sanctos Angelos tuos ad noſtrã cuſtodiam mittere dignaris: largire ſupplicibus tuis, et eorum ſemper protectione deffendi, et æterna ſocietate gaudere. Per Dnm̃ noſtrum et c.
S.TE IOANNES Baptiſ.
Deus, qui præſentem diem honorabilem nobis in beati Ioannis natiuitate feciſti: da populis tuis ſpiritualium gratiam gaudiorum: et omniũ fidelium mentes dirige in uiam ſalutis æternæ. Per Dnm̃ noſtrum et c.

OSCVLVM ALTARIS.

Le Prestre baise l'Autel.

Iesus-Christ est trahy par vn baiser de Iudas.

ORATIO.
Domine Iesu Christe osculum passus Iudæ proditoris; ne dicas vnquam de me ecce manus tradentis me, mecum est in mensa, nec sancti amoris munia denegem calumniantibus me. Amē.
ORAISON
Mon Sauueur Iesus Christ, qui aués souffert que le traistre Iudas vous donna vn baiser; quil ne soit iamais dict de moy, voila celuy qui me trahira, qui est aßis a ma table, et que ie rende tous les tesmoignages d'amitié a mes ennemis mesmes. Amen.
S.TE PETRE. Ora pro.
S.TE PAVLE. Ora pr.
Deus, qui beato Petro Apostolo tuo, collatis clauibus regni cœlestis, ligandi atque soluendi pontificium tradidisti: concede, vt intercessionis eius auxilio, a peccatorum nostrorum nexibus liberemur. qui viuis et regnas.
Deus, qui multitudinem gentium beati Pauli apostoli prædicatione docuisti: da nobis quæsumus, vt cuius natalitia colimus, eius apud te patrocinia sentiamus. Per Dominum nostrum Iesum Christum &c.

PROGRESSVS AD CORNV EPISTOLÆ.

Le Prestre s'aduance à l'Epistre. *Iesus-Christ est pris et lié par les Iuifs.*

5

ORATIO.
Domine Iesu Christe, qui manibus impiorum vinciri voluisti; meorum solue vincula peccatorum et tam fortiter teneatur cor et corpus meum in dilectione mandatorum tuorum vt in omnibus tuæ semper obediam voluntati. Amen.
ORAISON.
Mon Seigneur Iesus Christ, qui aués permis auec meschans de vous lier; rompés les liens de mes iniquités et attachés moy si puissamment a vous par amour, que ie vous obeïsse promptement en tout et par tout. Amen.
S. ANDREA. Ora.
Maiestatem tuam, Domine suppliciter exoramus: vt sicut Ecclesiæ tuæ beatus Andreas apostolos extitit prædicator et rector; ita apud te sit pro nobis perpetuus intercessor. Per Dominum nostrum Iesum Christum &c.
S. IACOBE. Ora pr.
Esto Domine plebi tuæ sanctificator et custos: vt apostoli tui Iacobi munita præsidiis, et conuersatione tibi placeat, et secura mente deseruiat. Per Dominum nostrũ Iesum Christum &c.
5

AD INTROÏTVM.

Le Prestre est à l'Introït de la Meſſe. Ieſus-Chriſt eſt mené comme vn Criminel, à la Maiſõ d'Anne.

6

ORATIO

Domine Iesu Christe, qui tanquam reus ductus es in domum Annæ; infūde mihi gratiam tuam, vt non ad peccandum alliciat me malignus, sed spiritus sanctus tuus induicat in omne beneplacitum tuum. Amen.

ORAISON.

Mon Seigneur Iesus-Christ, qui aués voulu estre mené ches Anne comme vn criminel: faictes par vostre bonté infinie, que le demon par ses ruses n'aye aucune puissance sur moy et que vostre S.t Esprit m'inspire tousiours ce qui vous sera agreable. Amen.

S.TE THOMA. Or. pr.

Da nobis, quæsumus Domine, beati Apostoli tui Thomæ solemnitatibus gloriari: vt eius semper et patrociniis subleuemur, et fidē congrua deuotione sectemur. Per Dnm̄ nostrum &c.

S.TE IOANNES EVAN.O.

Ecclesiam tuam quæsumus Domine benignus jllustra; vt beati Ioannis Apostoli tui et Euangelistæ jlluminata doctrinis ad dona perueniat sempiterna. Per Dnm̄ nostrum Iesu Christum &c.

AD KYRIE-ELEISON.

Le Prestre dict à l'Autel le Kyrie-Eleison. Iesus-Christ est troisfois renié par Pierre en la maisō de Cayph

7

ORATIO.
Domine Iesu Christe, quem in domo Cayphæ ter negauit princeps Apostolorũ; fac vt non abeam in concilio impiorum; nec me a te. peccato vnquam separari permittas. Amen.
ORAISON.
Mon Seigneur Iesus-Christ, qui aués esté renié par trois fois dans la maison de Cayphe, par le Prince des Apostres: que ie fuye comme vne peste la compagnie des meschants, et ne permettes iamais que ie soie separé par le peché de vostre Saincte grace. Amen.
S.TE IACOBE. Or. pr.
S.TE PHILIPPE. Ora pro.
Deus, qui nos annũa Apostolorum tuorum Philippi et Iacobi solemnitate lætificas: præsta quæsumus, vt quorum gaudemus meritis, instruamur exemplis. Per Dnm.

AD DOMINVS VOBISCVM.

Le Prestre en se retournant dict Dominus vobiscum.

Iesus-Christ regardant Pierre, tire de luy des larmes de repentence.

ORATIO.
Domine Iesu-Christe, conuersus respexisti Petrum, qui recordatus verbi tui sicut dixeras et egressus foras fleuit amare; fac vt defleam iniquitates meas et condoleam patienti tibi, Domine Deus meus. Amen.
ORAISON.
Mon Seigneur Iesus-Christ, d'vne seule œillade, vous aués tiré vne abondance de larmes, des yeüx de S.t Pierre, lequel se resouuenant de vostre sacrée parole, pleura amerement son peché; donnés moy la grace d'auoir vn regret sincere de mes fautes et de compatir a vos souffrances. Amen.
S.TE BARTHOLOMÆE.
S.TE MATTHÆE. Or. p.
Omnipotens sempiterne Deus, qui huius diei venerandam sanctamque lætitiam, in beati Apostoli tui Bartholomæi festiuitate tribuisti: da Ecclesiæ tuæ, quæsumus, et amare quod credidit et prædicare quod docuit. Per Dñm nostrum &c.
Beati Apostoli et Euangelistæ Matthæi, Domine precibus adiuuemur: vt quod poßibilitas nostra non obtinet, eius nobis intercesßione donetur.
Per Dominum nostrum Iesum Christum filium tuum &c.

POST EPISTOLAM.

Le Prestre prie, apres l'Epistre. *Iesus-Christ est accusé deuant Pilate.*

9

Deus, qui nos per beatos Apostolos tuos Simonem et Iudam ad agnitionem tui nominis uenire tribuisti: da nobis eorum gloriam sempiternam et proficiendo celebrare et celebrando proficere. Per Dnm nostrum Iesum Christum &c.

AD MVNDA COR MEVM.

Le Prestre s'humilie à l'Autel.

Iesus-Christ est presenté à Herode.

ORATIO.
Domine Iesu Christe, dum stares coram Herode, nihil respondebas ad ea quæ aduersum te adducebant falsa testimonia; da mihi virtutem fortiter tolerandi opprobria exprobrātium mihi et non reuelandi sacra prophanis.
ORAISON.
Mon Seigneur Iesus Christ, estant en la presence d'Herode uous aués enduré les calānies sans respōdre un seul mot; dōnés moy la force d'endurer courageusemēt les jniures des calāniateurs et de ne publier les sacres mysteres aux jndignes. Amen.
S.TE MATTHIA. O.p.
Deus, qui beatum Matthiam Apostolorum tuorum collegio Sociasti: tribue quæsumus, vt eius jnteruentione, tuæ circa nos pietatis semper viscera sentiamus. Per Dominum &c.
S.TE BARNABA. O.p.
Deus qui nos beati Barnabæ Apostoli tui meritis et jntercessione lætificas: concede propitius: vt qui tua per eum beneficia poscimus, dono tuæ gratiæ consequamur. Per Dūm nostrum &c.

AD EVANGELIVM.

Le Prestre dict l'Euangile. *Iesus-Christ renuoyé d'Herode à Pilate.*

11

ORATIO.
Domine Iesu Christe, quem remisit Herodes ad Pilatum, ipsa die factus ei amicus, concede ut impiorum insidias sic aspernari ualeant et faciam cum tentatione prouentum, ut alsimiler tibi domine deus meus.
ORAISON.
Mon Seigneur Iesus Christ, qui aués esté ramené d'Herodes a Pilate qui se sont faicts amys par ce moyē dōnés moy la force de mespriser les desseins que les meschans forment cōtre moy et d'en faire mon proffit affin que je v. sois semblable.
S.TE MARCE. Or. pr.
Deus, qui beatum Marcum Euangelis tam tuum, Euangelicæ prædicationis gratia sublimasti: tribue quæsumus, eius nos semper et Eruditione proficere, et oratione defendi. Per Dnm nostrum &c.
S.TE LVCA. Ora pro.
Interueniat pro nobis quæsumus Domine, Sanctus tuus Lucas Euangelista: qui crucis mortificationē iugiter in suo corpore, pro tui nominis honore portauit. Per Dnm nostrum.

AD DENVDATIONEM CALICIS.

Le Prestre descouure le Calice. *Iesus-Christ est despouillé de ses habits.*

ORATIO.

Domine Iesu Christe qui passus es tanquā Captiuus exui uestimentis tuis; excutiam quæso graue onus peccatorum meorum ut inductus loricam iustitiæ tuæ inueniam gratiam in oculis tuis Amen.

ORAISON.

Mon Seigneur Iesus Christ qui aues souffert destre despouillé cōme vn Esclaue dans une grande confusion: descharges moy du fardeau de mes peches et que ie paroisse deuant v.[9] reuestu de vos vertus adorables. Amen.

S.TE STEPHANE. O.

Da nobis quæsumus Domine, imitari quod colimus, ut discamus et inimicos diligere qui eius natalitia celebramus, qui nouit etiam pro persecutoribus exorare. Dominum nostrum Iesum Christum filium tuum, qui tecum uiuit.

S.TE LAVRENTI. O. p.

Da nobis, quæsumus omnipotens Deus, vitiorum nostrorum flammas extinguere, qui beato Laurentio tribuisti tormentorum suorum incendia superare. Per Dominum nostrum Iesum Christum &c.

AD OBLATIONEM HOSTIÆ.

Le Prestre fait oblation de l'Hostie. *Iesus-Christ est lié à la Colonne.*

ORATIO.
Domine Iesu Christe, qui ad columnam alligari et turpiter flagellari voluisti; da mihi paternæ correctionis flagella ferre patienter nec quidquam pecando tibi displicere. Amen.
ORAISON.
Mon Seigneur Iesus Christ, qui avés voulu estre attaché a la columne et flagellé honteusement; dônes moy la grace de porter patiêment les effects de vostre correction paternelle et de ne vous bailler aucun mescontentement par mes peches. Amen.
S.TE ROCHE. Or. pr.
Deus, qui beato Rocho per Angelum tuum tabulam eidem afferentem promisisti, ut qui ipsum pie jnuocauerit, a nullo pestis cruciatu læderetur: præsta quæsumus, ut qui eius memoriam agimus, ipsius meritis, a mortifera peste corporis et animæ liberemur. Per Dnm &c.
S.TE SEBASTIANE. Or.
Infirmitatem nostram respice omnipotens Deus: et quia pondus propriæ actionis grauat; beatorum martyrum tuorum Fabiani et Sebastiani intercessio gloriosa nos protegat. Per Dominum nostrum Iesum Christum filium tuum &c.
13

DVM CALIX TEGITVR.

Le Prestre couure le Calice.

Iesus-Christ couronné d'Espines.

ORATIO.
Domine Ieſu Chriſte, qui vt ſeruum redimeres, coronam ſpineam geſtare voluiſti, et dolores acerrimos portare; confige timore tuo carnes meas et tandem æterna fac tecum in cœlis gloria coronari. Amen.
ORAISON.
Mon Seigneur Ieſus Christ, qui avés uoulu estre couroné despines et ſouffert tant de douleurs pour moy vostre paure esclave; faictes que ie porte icy uolontiers la couronne de componction pour iouir avec vous de la couronne de gloire au ciel. Amen.
S. GREGORI. Or. p.
Deus, qui animæ famuli tui Gregorij, æternæ beatitudinis præmia contulisti: concede propitius: vt, qui peccatorum noſtrorum pondere premimur, eius apud te precibus ſubleuemur. Per Dominum nostrum &c.
S. AMBROSI. Or. p.
Deus, qui populo tuo æternæ ſalutis beatum Ambroſium Miniſtrum tribuiſti: præſta quæſumus: ut quem doctorem vitæ habuimus in terris, interceſſorem habere mereamur in cælis. Per Dñm.
14

AD ABLVTIONEM DIGITORVM.

Le Prestre se laue les doigts *Iesus-Christ declaré jnnocent par Pilate.*

14

ORATIO.

Domine Iesu Christe, qui etsi iudicatus innocens a Pilato præside libenter inclamantem turbam audiuisti; largire supplici tuo in tanta vitæ jnnocentia conuersari vt obsonetur os loquētium iniqua.

ORAISON.

Mon Seigneur Iesus Christ, quoi que v.⁹ fussiés declaré jnnocent par la bouche mesme de Pilate, v.⁹ aués souffert uolōtiers les cris et les reproches des juifs animés cōtre vous: dōnés moy la grace de uiure dans l'jnnocēce, et de ne me point rebuter des parolles et des sentiments des hōmes:

S.TE AVGVSTINE. O.P.

S.TE HIERONYME. O.P.

Adesto supplicationibus nostris omnipotens Deus: et quibus fiduciam sperandæ pietatis jndulges; intercedente beato Augustino confessore tuo atque pontifice, consuetæ misericordiæ tribuæ benignus effectū. Per Dnm. nostrum &c.

Deus, qui ecclesiæ tuæ in exponēdis sacris scripturis, beatū Hieronymum confessorē tuum, doctorem maximū prouidere dignat⁹ es: præsta quæsumus vt eius suffragantibus meritis, quod ore simul et opere docuit, te adiuuante exercere valeamus. Per Dnm. 15

AD ORATE FRATRES.

Le Prestre inuite aux prieres.

Iesus-Christ monstré aux Iuifs par Pilate, disant Ecce Homo.

16

ORATIO.

Domine Iesu Christe, cui milites conspüentes et alapis percutientes caput illuserunt; tribüe mihi nunquam aurem male blandienti præbere sireni. Amen.

ORAISON.

Mon Seigneur Iesus Christ, qui aués esté exposé aux mocqueries et aux riseés des Soldats jnsolents; faictes par vostre bonté infinie que ie ne me laiße iamais enporter aux flateries et aux vains applaudißements des hommes.

S.

S.TE DIONYSI. *Or. pr.*

Deus qui hodierna die, beatum Dionysium martyrem tuum atque pontificem, virtute constantiæ jn paßione roborasti, quique illi ad prædicandum gentibus gloriam tuam, rusticũ et eliutheriũ sociare dignatus es: tribue nobis quæsumus, ex eorum jmitatione pro amore tuo prospera mundi despicere, et nulla eius aduersa formidare. Per Dñm nostrum &c.

S.TE NICOLAE. *Or. pr.*

Deus, qui beatum Nicolaum pontificem jnnumeris decorasti miraculis: tribue quæsumus, vt eius meritis et præcibus, a gehennæ jncendiis liberemur. Per Dñm nostrum Iesum Christum.

AD PRÆFATIONEM.

Le Prestre dict la Preface. Iesus-Christ est condamné.

ORATIO.
Domine Iesu Christe,
quem flagellatum
tradidit Pilatus
vt crucifigereris
teipsum offerens
vltro pro pec-
catis nostris;
da vt flagella
iracundiæ tuæ
quæ pro pecca-
tis mœremur ex-
cipiamus. Amen.
ORAISON.
Mon Seigneur Iesus
Christ, qui aués uou-
lu estre condamné au sup-
plice infame de la croix, que
uous aués embrassé de bon cœur; faictes moy la grace de souffrir courageusement les afflic-
tions quil vous plaira m'enuoi-
er en punition de mes peches.
S.TE MARTINE. Or.
Deus qui conspicis,
quia ex nulla nostra
virtute subsistimus: concede propitius, vt intercessione beati Martini
confessoris tui atque Pontificis, contra omnia aduersa muniamur.
Per Dnm̃ nostrum Iesum &c.
S.TE GEORGI. Or. pr.
Deus qui nos beati
Georgij martyris tui
meritis et intercessione lætificas concede propitius: vt qui tua per eum
beneficia poscimus; dono tuæ gratiæ
consequamur Per Dominum
nostrum Iesum Christum &c.

AD MEMENTO PRO VIVIS.

Le Prestre prie pour les Viuans. *Iesus-Christ porte sa Croix.*

ORATIO.
Domine Iesu Christe, qui super humeros tuos crucem ipse tuam baiulasti fac vt tollam crucem meam quotidie et sequar te domine Deus meus. Amen.
ORAISON
Mon Seigneur Iesus Christ, qui avés voulu porter sur vos espaules le pesant fardeau de la croix; fortifiés mes resolutions et me faictes la grace de vous suivre et porter tous les iours la croix de la mortification pour vostre Ste amour. Amen.
S. CLAVDI. Or. pr.
S. GERMANE. Or. pr.
Omnipotens sempiterne Deus, qui es Sanctorum tuorū splendor mirabilis, quique beatū Claudium confessorem tuum atque pontificem, æternæ beatitudinis gloria sublimasti: concede propitius, vt cuius merita veneramur in terris, intercessionis eius auxilio, apud tuā misericordiam muniamur in cœlis. Amē.
Deus, qui es Sanctorum tuorum splendor mirabilis, quique hunc diem beati Germani confessoris tui atque pontificis depositione consecrasti: da Ecclesiæ tuæ de eius natalitio semper gaudere, vt apud tuam misericordiam Exemplis eius protegamur et meritis. Per Dominum.
18

AD INFRA ACTIONEM.

Le Prestre couure de ses mains le Calice.

Iesus-Christ est rencontré par la Veronique.

ORATIO.
Domine Iesu Christe, qui conuersus ad mulieres, quæ lamentabantur te, dixisti nolite flere super me sed super vos ipsas, et super filios vestros; transfige cor meum vero doloris uulnere, vt defleam iniquitates meas, et condoleam tibi domine Deus meus
ORAISON
Mon Seigneur Iesus Christ, qui aués auerti les S.tes femes de Ierusalem, qui vous portoint cõpassion dans vos souffrãces qu'elles deuoient pleurer sur elles mesmes et sur leurs enfans: touches mõ cœur d'une veritable cõpunction; affin que plorãt mes fautes, ie merite de souffrir auec vous.
S.TE ANTONI. Or. p.
S.TE BENEDICTE. Or.
Intercessio nos quæsumus Domine beati Antonij Abbatis commendet: vt quod nostris meritis non valemus, eius patrocinio assequamur. Per Dominum nostrum Iesum Christum filium tuum &c.
Deus, qui nos beati Benedicti confessoris tui annua solemnitate lætificas: concede propitius, ut cuius natalitia colimus, etiam actiones imitemur. Per Dominum nostrum Iesum Christum filium tuum &c.

AD SIGNATIONEM OBLATORVM.

Le Prestre fait des signes de Croix sur l'Offrande. | *Iesus-Christ attaché en Croix.*

ORATIO.
Domine Iesu Christe, qui passus es pro salute mea; da vt mortificationem tuam in corpore meo portem semper, vt adhærens testimonijs tuis, non obliuiscar vnquam sermones tuos. Amē.
ORAISON.
Mon Seigneur Iesus Christ, qui auez voulu endurer la mort pour moy; faictes que j'aye tousiours vos souffrances deuant les yeux de mon cœur, et que ie soye tellement attaché a vostre volonté, que jamais il ne m'arriue d'y contreuenir. Amē.
S.TE BRVNO. Ora pr.
Sancti Brunonis confessoris tui, quæsumus Domine, intercessionibus adiuuemur: vt qui maiestatem tuam grauiter delinquendo offendimus, eius meritis et precibus, nostrorum delictorum veniam consequamur.
Per Dnm nostrum.
S.TE BERNARDE. Or. pr.
Intercessio nos, quæsumus Domine, beati Bernarde Abbatis commendet; vt quod nostris meritis non valemus, eius patrocinio assequamur.
Per Dnm nostrum Iesum Christum filium tuum &c.
20

AD ELEVATIONEM HOSTIÆ.

Le Prestre fait l'esleuation de l'Hostie.

Iesus-Christ esleué en Croix.

ORATIO.
Domine Iesu Christe,
quem nunc exaltatum
a terra suspicio; tra-
he me post te secun-
dum verbum tuum
vt segregatus a
seculo conuer-
setur animus
in coelo.
Amen.
ORAISON
Mon Seigneur Iesus
Christ, maintenant que ie
vous uois exalté sur la terre; eleués mon cœur uers
vous selon vostre S.te parole
affin qu'estant destaché du
monde il tende incessament
uers le ciel. Amen.
S.TE DOMINICE. Or.
Deus, qui Ecclesiam tuam beati
Dominici confessionis tui illuminare
dignatus es meritis et doctrinis:
concede, ut eius intercessione, tem
poralibus non destituatur auxiliis,
et spiritualibus semper proficiat
incrementis. Per Dnm &c.
S.TE FRANCISCE. Or.
Deus, qui ecclesiam tuam beati
Francisci meritis, fetu nouæ prolis
amplificas: tribue nobis, ex eius imitatione terrena despicere, et cælesti-
um donorum semper participatio-
ne gaudere. Per Dnm nostrum
Iesum Christum &c.

AD ELEVATIONEM CALICIS.

Le Prestre tient le Calice esleué. *Le Sang de Iesus-Christ coule de ses playes.*

CHA RI TAS
ORATIO.
Domine Ieſu Chriſte, qui vt nos lauares crimine ſacroſanctum ſanguinem tuum toto corpore manare feciſti; condones mihi omnia delicta mea et libera me de lacu jnferi. Amen.
ORAISON
Mon Seigneur Ieſus Christ, qui aués faict couler de tout voſtre corps vostre precieux Sang pour me lauer de mes crimes; pardonnés moy mes peches et deliurés moy des peines de l'enfer. Amen.
S.TE ANTONI de Padua.
S.TE FRANCISCE de Paula.
Ecclesiam tuam, Deus, beati Antonii confeſſoris tui ſolemnitas uotiua lætificet: vt ſpiritualibus ſemper muniatur auxiliis, et gaudiis perfrui mereatur æternis. Per Dominum nostrum Ieſum Christum filium tuum &c.
Deus humilium celsitudo, qui beatum Franciscum confeſſorē, Sanctorum tuorum gloria ſublimasti: tribue quæſumus, vt eius meritis et imitatione, promiſſa humilibus præmia feliciter consequamur. Per Dominū noſtrum Iesum Christum &c.

AD MEMENTO PRO DEFVNCTIS.

Le Prestre dict le memento pour les Defunts: | Iesus-Christ prie son Pere pour ses Ennemis.

ORATIO.
Domine Iesu Christe, qui in ara crucis æterno patri pro crucifixoribus tuis obtulisti preces, fac vt sim mitis et humilis corde, vt diligam inimicos meos.
Amen.
ORAISON.
Mon Seigneur Iesus Christ, qui aués prié vr̃e Pere æternel particulierement pour ceux qui vous auoient attaché en l'arbre de la croix, faictes que ie sois doux et hũble de cœur, affin que ie n'aye point de pene a aymer mes Ennemis.
Amen.
S.TE CAROLE. Or. pr.
Deus, qui superabundanti fecunditate bonitatis tuæ, beatũ Carolum Imperatorem et Confeßorẽ tuum, deposito carnis velamine, beatæ imortalitatis trabea sublimasti: concede propitiꝰ, vt quem ad laudẽ et gloriam tui nominis, honore Imperij exaltasti in terris, pium, ac propitium intercessorẽ habere mereamur in cœlis. Per Dñm.
S.TE LVDOVICE. Or. p.
Deus, qui beatum Ludouicum confeßorem tuum de terreno regno ad cœlestis regni gloriam transtulisti: eius quæsumus meritis et intercessione, regis regum Iesu Christi filij tui facias nos eße consortes. Per eumdem Dñm &c.

. AD NOBIS QVOQVE PECCATORIBVS.

Le Prestre demande pardõ pour les Pecheurs.

Iesus-Christ prõmet le Paradis au bon Larron.

ORATIO.
Domine Ieſu Christe, qui dixiſti latroni tecum in cruce pendenti, hodie mecum eris in paradiſo: aſpice in me et miſerere mei et in hora mortis meæ ſpiritum meum ſuſcipias.
Amen.
ORAISON.
Mon Seigneur Ieſus Chriſt qui aués dict au Laron attaché en croix a vos coſtés; auiourdhuy vous ſeres en paradis auec moy; tournés vos yeux de miſericorde deuers moy, et qu'a l'heure de la mort v^9 recepuies mon eſprit entre vos mains. Amen.
S.TE CAROLE. Or. pro.
S.TE PHILIPPE. NE. Or.
Deus, qui Eccleſiam tuam Sancti Caroli Confeſsoris tui atque pontificis, ſalutaribus inſtruis diſciplinis; concede propitias, ut cuius in terris exempla miramur eius in cœlis patrocinia ſentiamus. Per Dūm.
Deus, qui beatum Philippum confeſsorem tuum Sanctorum tuorum gloria ſublimaſti: concede propitius ut cuius ſolemnitate lætamur, eius virtutum proficiamus exemplis. Per Dūm &c.

AD PATER NOSTER.

Le Prestre recite le Pater noster.

Iesus-Chris crucifié recõmende sa Mere a S.t Iean.

ORATIO.
Domine Iesu Christe, qui loquens
Apostolo tuo Ioanni, ecce mater
tua, fideles tuos mariæ matri tuæ
vt filios cōmendasti: respice
nos quæsumus non vt ser-
uos sed vt fratres tuos
vt simus cohæredes
regni tui. Amen.
ORAISON.
Mon Sauueur Iesus Christ, qui
aués dict a vostre bien aymé S.t
Iean voicy vostre mere, et en sa
personne aués recommandé tous
les fidelles a vostre S.te Mere comme
ses Enfans: regardés nous comme
vos freres et donnés nous part a l'he-
ritage de vostre royaume. Amen.
S.TE FRANCIS CE XA.
S.TE IGNATI. Or. pr.
Deus, qui glorificantes te glorificas, et in Sanctorum tuorum honoribus honorans: concede propitius, vt qui beati tui Francisci gloriosa merita colimus, eius pia patrocinia sentiamus. Per Dnm nostrum Iesum Christum filium tuum &c.
Deus, qui ad maiorem tui nominis gloriam propagandam, nouo per beatum Ignatium subsidio, militantem ecclesiam roborasti: concede, vt eius auxilio et imitatione certantes in terris, coronari cum ipso mereamur in coelis. Per Dnm nostrum Iesum Christum.
25

AD FRACTIONEM HOSTIÆ.

Le Prestre rompt l'Hostie en petites pieces. *Iesus-Christ expire en la Croix.*

ORATIO.
Domine, qui dixisti moriens, pater in manus tuas commendo spiritum meum; da mihi, vt mortuus peccato, tibi viuam. Amen.
ORAISON.
Mon Sauueur Iesus Christ, qui aués proferé ces dernieres paroles, mon pere ie vous recommande mõ ame, donnés moy la grace de mourir entieremẽt au peché: et viure a iamais en vous et pour vous. Amen.
S.TA ANNA. Ora pro.
S.TA IOANNA. Or. pr.
Deus, qui beatæ Annæ gratiam cõferre dignatus es, vt genitricis vnigeniti filij tui mater effici mereretur: concede propitius, vt cuius solemnia celebramus, eius apud te patrociniis adiuuemur. Per Eundem.
Exaudi nos Deus salutaris noster: vt sicut de beatæ Ioannæ festiuitate gaudemus, ita piæ deuotionis erudiamur affectu. Per Dnm nostrum Iesum Christum filium tuum &c.

PARTICVLA HOSTIÆ IN CALICĒ ĪMITTITVR.

Le Prestre met dans le Calice vne partie de l'Hostie. *Iesus-Christ descend aux Limbes.*

ORATIO.

Domine Iesu Christe, cuius beata anima descendit ad inferos, vt captiuos tuos redimeres: da, vt omnium fidelium defunctorum animæ, a culpis omnibus purgatæ, et a pœnis liberæ cœlestis fiant gloriæ participes. Amen.

ORAISON.

Mon Sauueur, dont la beniste ame est descēdüe au profond des enfers, pour rachepter vos captifs; faictes que tous les fidelles trespassés estant purgés de leurs pechés et deliurés de tous leurs penes iouissent en fin de la gloire eternelle. Amen.

S.TA MARTHA: Or. pr.

S.TA MARIA MAG. O. p.

Exaudi nos Deus salutaris noster: vt sicut de beatæ Marthæ virginis tuæ festiuitate gaudemus, ita piæ deuotionis erudiamur affectu. Per Dnm̃ nostrum Iesũ Christum filium tuum &c.

Beatæ Mariæ Magdalenæ quæsumus Domine suffragijs adiuuemur: cuius precibus exoratus quatriduanum fratrem Lazarum viuum ab inferis resuscitasti: qui viuis et regnas Deus Per ōnia.

AD AGNUS DEI.

Le Prestre se frappe la poitrine, disant l'Agnus Dei.

Patience de Iesus-Christ dans ses souffrances.

ORATIO.
Domine Ieſu Chriſte, tua crux
vere fuit cathedra docentis,
ſicut lectulus morientis;
doce nos quæſumus et vir-
tutū incrementa percipere,
et vitare mōſtra vitiorū
vt ex contemplatione paſ-
ſionis tuæ conteramur in corde, et vero tacti dolore per-
cutiamus pectora noſtra. Amē.
ORAISON.
O mon Ieſus, voſtre S.te Croix nous
a veritablement ſerui de chaire d'vn
grand docteur comme elle vous a eſté
vn lieu de ſupplice; monſtrés nous a
fuir tous les vices et a ſuiure les vertus; et que touchés d'vne douleur ſin-
cere en veüe de vos tourmens, nous
frappions nos poictrines d'vne
vraye componction. Amen.
S.TA PETRONILLA. Or.
Exaudi nos Deus ſalutaris noster: vt ſicut de beatæ Petronillæ virginis tuæ feſtiuitate gaudemus, ita piæ deuotionis erudiamur
affectu. Per Dn̄m noſtrum &c.
S.TA VERONICA. O.
Tribue quæſumus virtutum cæleſti-
um Deus, vt hæc Sanctæ Veronicæ
ſacra ſolemnia, terrena contēmnere
nos excitent et bona ambire ſem-
piterna. Per Dn̄m noſtrum &c.

AD COMMVNIONEM.

Le Prestre communie. Sepulture de Iesus-Christ.

ORATIO

Domine Iesu Christe, quem sepelierunt et posuerunt in monumento nouo, fac vt cor meum, sit quasi sepulchrum tibi gloriosum, et renouatus spiritu mentis meæ, merear inter Sanctos et electos tuos, resuscitari. Amen.

ORAISON.

Mon Sauueur Iesus Christ, la splendeur de vostre Pere, vous aués voulu estre enseuely et mis cõme dans l'oubly au tõbeau de Ioseph: que mon cœur vous serue a guise d'vn sepulchre glorieux et qu'estant renouuellé en Esprit, j'aye part en la resurrection des Saints et de vos esleus. Amen.

S.TA AGNES. *Or. pr.*

S.TA EMERENTIANA. *o.*

Omnipotens sempiterne Deus, qui infirma mundi eligis, vt fortia quæque confundas: concede propitius: vt qui beatæ Agnetis virginis et martyris tuæ solemnia colimus, eius apud te patrocinia sentiamus. Per Dñm &c.

Indulgentiam nobis, quæsumus Domine, beata Emerentiana virgo et martyr imploret quæ tibi grata semper extitit et merito castitatis, et tuæ professione virtutis. Per Dñm nostrum &c.

AD ABLVTIONEM.

Le Prestre fait l'Ablution. Le Corps de Iesus-Christ embaumé est mis au Sepulcre

ORATIO.

Domine Iesu Christe, cuius corpus sanctissimum depositum inuoluit Ioseph ab Arimathia, in syndone munda, et posuit ligatum linteis cum aromatibus in monumento; da mihi quæso vt cor et corpus meum optimo virtutum odore condiatur, et maneas nobiscum in æternum. Amen.

ORAISON.

Mon Seigneur Iesus Christ, qui auès estè embausmé d'onguentz precieux par vostre bon seruiteur Ioseph d'arimathie: faictes que mon cœur et mon corps, ne ressentent que l'odeur tres suaue des vertus, et quils v.^s seruent de demeure asseurée pour l'æternité. Amen.

S.^TA AGATHA. *Or. pr.*

S.^TA CÆCILIA. *Or. pro.*

Deus, qui inter cætera potentiæ tuæ miracula, etiam in sexu fragili victoriam martyrij contulisti: concede propitius: vt qui beatæ Agathæ virginis et martyris tuæ natalitia colimus, per eius ad te exempla gradiamur. Per Dnm nostrum.

Deus, qui nos annua beatæ Cæciliæ virginis et martyris tuæ solemnitate lætificas: da, vt quam veneramur officio, etiam piæ conuersationis sequamur exemplo. Per Dnm nostrum Iesum Christum filium tuum &c.

AD POST COMMVNIONEM.

Le Prestre prie, apres la Communion. *Iesus-Christ reßuscite.*

ORATIO.

Domine Iesu Christe, qui tertia die gloriosus vt prædixeras surrexisti a mortuis; fac vt socii passionum tuarum simus, et ressurrectionis; vt deponentes veterem hominem cum actibus suis, in nouitate vitæ ambulemus. Amen.

ORAISON.

Mon Seigneur et mō Dieu, qui selō vostre S.te parole estes sorti du tombeau le troisiesme jour apres vre mort tout glorieux et triomphāt: faictes que par le moyen de vre grace nous soyons cōpagnons de vos tourmēs et de vre resurrectiō et que ayāt despouille serieusemēt le vieil hōme nous cheminiōs en vne nouuelle vie. Amē.

S.TA ANASTASIA. Or. pr.

Deus, qui inter cætera potentiæ tuæ miracula etiam in sexu fragili victoriam martyrij contulisti: concede propitius: vt qui beatæ Anastasiæ virginis et martyris tuæ natalitia colimus per eius ad te exempla gradiamur. Per Dñm nostrum Iesum Christum filium tuum &c.

S.TA CATHARINA. Or. pr.

Deus, qui dedisti legem Moysi in summitate montis Sinai, et in eodem loco per Sanctos Angelos tuos corpus beatæ Catharinæ virginis et martyris tuæ mirabiliter collocasti: præsta quæsumus, vt eius meritis et intercessione ad montem qui Christus est peruenire valeamus. Per Dñm &c.

AD DOMINVS VOBISCVM.

Le Prestre dict Dominus vobiscum. *Apparition de Iesus-Christ.*

ORATIO
DOMINE Iesu Christe,
qui post mortem tuam
visus es Mariæ matri
tuæ, deinde Discipulis
tuis, illorum allevans
tædium; videam te ocu-
lis puræ fidej, per Chari-
tatem operantis, & in fi-
ne visus sim beatus tuæ
gloriæ Amen.
Oraison
O mon Dieu, quiquez
rejouy par votre S.te presence votre Mere & to.s
les Apostres etant res-
suscité, que je vous voy
e maintenant des y-
eüx d'une Foy pure &
operante par la Chari-
té, & qu'enfin mon bon-
heur soit accomply par
la Contemplation de vo-
tre Gloire. Amen
S.TA GENOVEFA. Or. pr.
S.TA MARGARETA. O. p.
Beatæ Genouefæ natalitia
venerãda, Ecclesia tua Domine, deuota suscipiat, & fi-
at magnæ glorificationis A-
more deuotior, & tuæ Fidej
proficiat exemplo, per Dnũ
Deus, qui beatam Marga-
retam Virginem, per Martyrij palmam cœlestem fecisti
conscendere gloriam: Con-
cede nobis quæsumus, vt e-
jus exempla sequentes, ad te
peruenire mereamur.
per Dnũm

AD VLTIMAS COLLECTAS.

Le Prestre en est aux derniers Collectes. *Iesus-Christ est 40. iours auec ses Disciples.*

ORATIO
DOMINE Iesu Christe, qui post Passionem tuā per quadraginta dies præbuisti teipsum vivum Apostolis, sæpius apparens eis & loquens de regno Dej; da nobis primum querere regnū tuum & justitiam tuam, & cœtera adiicianturno bis. Amen
Oraison
Monseigneur Iesus Christ, qui auez cōfirmé vos Apostres dans la croyance de votre Resurection les visitant plusieurs fois et les entretenant des choses Celestes & diuines; faites que le soin des choses terrestres ne nous detour[...] point de la pour[...] suitte de votre Roy[...]aume. A.
Sᵗᵉ. APPOLLONIA. Or.
Sᵗᵉ. BARBARA. Or.
Deus, qui inter cœtera potentiæ tuæ miracula, etiam in sexu fragili victoriam Martyrij contulisti; Concede propitius, vt qui beatæ Barbaræ Virginis & Martyris tuæ natalitia colimus, per ejus ad te exempla gradiamur. Per dnū
Exaudi nos Deus salutaris noster, vt sicut de beatæ Apolloniæ Virginis tuæ festiuitate gaudemus, ita piæ deuotionis erudiamur affectu. Per dnū
33

AD VLTIMVM DOMINVS VOBISCVM.

Le Prestre dict le dernier Dominus vobiscum. *Iesus-Christ monte au Ciel.*

ORATIO
DOMINE Iesu, qui cernentibus Discipulis tuis es eleuatus in Cœlos, vt redires ad eum qui miserat te: da vt cor meum a me transeat, & post te simul abeat. Amen
Oraison
Mon Sauueur Jesus Christ, qui etes monté aux Cieux a la veüe de tous vos Disciples, pour retourner vers Votre Pere, qui Vous auoit enuoyé jcy bas sur la terre; faites que mon cœur se detache des liens de ce Corps mortel, & quil s'en uole vers Vous, son Souuerain Bien Amen.
S.TA DOROTHEA. Or.
Indulgentiam nobis, quæsumus Domine, beata Dorothea Virgo & Martyr implor et: quæ tibi grata sẽper extitit & merito Castitatis & tuæ professione Virtutis. Per Dnum.
S.TA MONICA. Or. pr.
Præsta quæsumus Omnipotens Deus, vt beatæ Monicæ solemnia recensentes; meritis ipsius protegamur & præcibus. per Dnu.

AD BENEDICTIONEM.

Le Prestre donne la Benediction. *Le Saint Esprit descend sur les Apostres.*

35

ORATIO
DOMINE Iesu Christe, qui in die Pentecostes, Apostolis tuis Sanctũ dedisti Spiritum; Infunde quæsumus, eundem mentibus nostris Spiritum, vt cujus sapientiâ conditi sumus, prouidentiâ gubernemur. Amē
Oraison
Monseigneur Iesus Christ, qui auez donné Votre S.t Esprit aux Apostres, au jour de la Pentecoste; donnez nõ s'il vous plaist, ce mesme Esprit diuin, afin que, comme nous auons eté formez par sa Sagesse, nous soyons toujours conduits par sa Prouidence. Amen.
S.TA REGINA. Ora pro
S.TA COLVMBA. ora pro
Deus, qui inter cætera Potentiæ tuæ Miracula, etiam in Sexu fragili Victoriam Martyrij contulisti: Concede propitius: vt qui beatæ Reginæ Virginis & Martyris tuæ natalitia colimus, per ejus ad te exempla gradiamur. Per Dñm
Deus qui B. Columbæ, propter Fidem & Castitatem geminam Virginit.s & Martyrij aureolam concessisti: sic nos in hac ejus solemnitate gratia tua lætifica, vt & corda nostra tuo Amore accendas, & perenni ipsius tuæ Sponsæ suffragio tuearis, per dnũm

Litaniæ Sanctorum
Kyrie Eleyson
Christe Eleyson
Kyrie Eleyson
Chrẽ audi nos
Chrẽ exaudi no
Pater de cœlis
Deus Misere
Fili redemp.
mundi Deus
Spiritus Sᵉ
Deus Misere
Sᵃ Trinitas
vnus Deus
Sᵃ Maria
Sᵃ Dei Genitrix
Sᵃ Virgo Virᵐ
Sᵉ Michael
Sᵉ Gabriel
Sᵉ Raphael
Oẽs Sᵗ Angeli
et Archanⁱ dei
Oẽs Sᵗ beatᵐ
Spũm ordines
Sᵉ Ioannes
Baptista
Oẽs Sᵗ Patria
et Proph dei
Sᵉ Petre
Sᵉ Paule
Sᵉ Andrea
Sᵉ Iacobe
Sᵉ Ioannes
Sᵉ Thoma
Sᵉ Iacobe
Sᵉ Philippe
Sᵉ Bartho
Sᵉ Mathæe
Sᵉ Simon
Sᵉ Thadæe
Sᵉ Mathia
Sᵉ Barnaba
Sᵉ Luca
Sᵉ Marce
Oẽs Sᵗ Apostⁱ et
Euangelisᵃ
Oẽs Sᵗ Discip.
Domini
Oẽs S Innocen
Miserere nobis
Ora pro nobis
Sᵉ Stephane
Sᵉ Laurenti
Sᵉ Vincenti
Sᵉ Dionysi cum
Sociis tuis
Sᵗⁱ Fabiane
et Sebastiane
Sᵗ Ioannes
et Paule
Sᵗ Cosma et
Damiane
Sᵗ Geruasi et
Protasi
Oẽs Sᵗ Marty-
res orate pr
Sᵉ Siluester
Sᵉ Gregori
Sᵉ Ambrosi
Sᵉ Augustine
Sᵉ Hieronyme
Sᵉ Martine
Sᵉ Nicolae
Oẽs Sᵗ Pontif
et Confessores
Oẽs Sᵗ doctores
Sᵉ Antoni
Sᵉ Benedicte
Sᵉ Bernarde
Sᵉ Dominice
Sᵉ Francisce
Oẽs Sᵗ Saserdo-
tes et Leuitæ
Oẽs Sᵗ Monachi
et Eremitæ
Sᵃ Maria
Magdalena
Sᵃ Agatha
Sᵃ Lucia
Sᵃ Agnes
Sᵃ Cæcilia
Sᵃ Catharina
Sᵃ Anastasia
Sᵃ Genouefa
Oẽs Sᵉ Virgines
et Viduæ orat
Oẽs Sᵗ et Sanctæ
dei intercedite
pro nobis
Ora pro nobis
Sᵀᴬ CHRISTINA. Or. pr.
Indulgentiã nobis, quæsumᵍ Domᵉ, bã Christina Virgo et Martyr imploret, quæ tibi grata semper extitit, et merito Castitatis, et tuæ professione Virtutis. per dnm
Sᵀᴬ CORNELIA. Or. pr.
Da quesumus omnipotẽs Deus vt qui Bæ Corneliæ Virginis et Martˢ tuæ natalitia colimus, per eius adte Exempla gradiamur. per Dominum

Propitius esto { Parce. Exau.
Ab oĩ malo. lib.
Ab Ira tua.
Ab oĩ Peccato.
A subitᵃ. et improuᵃ morte.
Ab Insidiis diaboli.
Ab Ira, et odio, et oĩ mala Voluntate.
A Spũ fornicˢ.
A fulgᵉ. et tempᵉ.
A morte perpᵃ.
Per myster. Sᵃᵉ. Incarnˢ. tuæ.
Per Aduent. tu.
Per Natiũᵐ. tuũ.
Per Baptisᵐ. et Sᵐ. Ieiuniu. tuu.
Per Crucem, et Passion. tuã.
Per Mortem, et Sepultur. tuã.
Per Sᵐ. Resurrectione. tuã.
Per admirab. Ascensᵐ. tuã.
Per Aduentũ Spũs S. Paraclⁱ.
In die Iudicij.
Peccatores Te r.
Ut nobis parcas
Ut ad vẽr Penit. nos perdʳᵉ. dign.
Ut Ecclam tuã regᵉ. et consᵉ. dig.
Ut dom. Apost. et oẽs Eccl. ordᵒˢ. in Sᵃ. religione conserᵉ. dign.
Ut inimicos Sᵃ. Ecclᵉ. humil. dig.
Libera nos domine
Te rogamus audi nos
Ut Regᵍ. et Principibᵍ. Chrⁱˢ pacẽ et ver. dig.
Concordᵐ. donare
Ut cuncto popᵒ. Chrᵒ. pacẽ et vnitatẽ largiri digˢ.
Ut nosmetipsos in tuo Sᵒ. Seruitio confᵉ. et consʳᵉ. digˢ.
Ut mentes nras ad cœlestᵃ. desideria erigas.
Ut oĩbus benefactorᵒ. nr̃is sempᵃ. bona retribuas.
Ut animas nras fratrᵐ. propᵐ. et benefacᵐ. nr̃u ab æterdᵃ. naone eripias.
Ut frus terræ dare, et consʳᵉ. digneris.
Ut oĩbus fidelibᵍ. defunctis requiẽ. æterna donare digˢ.
Ut nos exaũ. digʳᵉ.
Filij dei Te rog.
Agnus dei qui tollis peccata mũdi par nob.
Agnus dei &c. exau. nos dñe.
Agnus dei &c. misere nobis.
Chr̃e audi nos.
Chr̃e exau. nos.
Kyrie eleison.
Chr̃e eleison.
Kyrie eleison.
Pater noster.
Te rogamus audi nos
Sᵀᴬ. HELENA. Ora pro.
Exaudi nos Deus Salutaris noster, ut sicut de beatæ Helenæ festiuitate gaudemᵍ. ita piæ deuotionis erudiamur affectu. Per dnũm.
Sᵀᴬ. ELIZABETH. Ora pro.
Tuorum Corda fidelium Deus miserator illustra; & beatæ Elisabeth precibᵍ. gloriosis fac nos prospera mũdi despicere, & cœlesti semper Consolatione gaudere. Per dnũ.

In memoriam Sanctorum omnium

Hymnus.

Christe redemptor omniū, conſerua tuos famulos, beatæ ſemper virginis placatus Sanctis precibus.

Beata quoque agmina cœleſtium ſpirituum, præterita, præſentia, futura mala pellite.

Vates æterni judicis; Apoſtoliq; Domini, ſuppliciter expoſcimus ſaluari veſtris precibus.

Martyres Dei inclyti, confeſſoreſque lucidi veſtris orationibus nos ferte in cœleſtibus.

Chori Sanctarum virginum, Monachorumque omnium; ſimul cum Sanctis omnibus, conſortes Christi facite.

Gentem auferte perfidam, credentium de finibus; vt Chriſto laudes debitas perſoluamus alacriter.

Gloria patri ingenito, eiusque vnigenito, vnà cum Sancto Spiritu, in ſæculorum ſæcula Amen.

Omnipotens ſempiterne Deus, qui nos omnium Sanctorum tuorum merita, ſub vna tribuiſti celebritate venerari: quæſumus, vt deſideratam nobis tuæ propitiationis abundantiam, multiplicatis interceſſoribus largiaris. Per Dñm noſtrum &c.

S.TA MARIA ÆGYP.CA Or.

Largire nobis clementiſſime pater, quod ſicut beata Maria Ægyptiaca Dñm noſtrum Ieſum Chriſtum, ſuper omnia diligendo, ſuorum obtinuit veniam peccatorum: ita nobis apud tuā miſericordiam, ſempiternam impetret beatitudinem. Per Dñm noſtrum Ieſum &c.

S.TA SCOLASTICA. Or.

Deus, qui nos annua beatæ Scolaſticæ virginis tuæ ſolemnitate lætificas: da vt quam veneramur officio, etiam piæ conuerſationis ſequamur exemplo. Per Dñm noſtrum &c.

Pro remissione Peccatorũ.
Deus qui Culpa offenderis, Penitentia placaris: preces populi tui supplicantis propitius respice, & flagella tuæ Iracundiæ, quæ pro peccatis nostris meremur auerte. Per dñ.
Pro Pace obtinenda.
Deus, à quo sancta desideria, & justa sunt Opera: da seruis tuis illam, quam mundus dare non potest, Pacem: vt et Corda nostra mandatis tuis dedita, & hostium sublata formidine, tempora sit tua protectione tranquilla. Per dnũ.
Pro Rege.
Quæsumus Omnipotens Deus, vt famul⁹ tu⁹ Lud⁹ Rex noster qui tua miseratione suscepit Regni gubernacula, Virtutum etiā omnium percipiat incrementa: quibus decenter ornatus, & Vitiorũ monstra deuitare, hostes superare, & ad te qui Via, Veritas, & Vita es, gratiosus valeat peruenire. Per dnũ.
S.TA CLARA. Ora pr.
S.TA TERESIA. Or. pr.
Exaudi nos Deus Salutaris noster: vt sicut de beatæ Claræ Virginis tuæ festiuitate gaudemus, ita piæ deuotionis erudiamur affectu. Per dnũ.
Lætetur Ecclesia tua Deus Beatæ Teresiæ Virginis tuæ confisa suffragiis; atque ejus precib⁹ gloriosis & deuota permaneat, & secura consistat. Per dnũ.

IESVS ADMIRABILIS

LITANIÆ DE NOMINE IESV.

Kyrie eleison Christe eleison.
Kyrie eleison Christe audi nos.
Christe exaudi nos.
Pater de coelis Deus mise.
Fili redēptor mūdi D.s mi.
Spiritus Sancte Deus mi.
S.ta Trinitas vnus D.s mise.
Iesu Fili Dei viui misere.
Iesu potentissime misere.
Iesu fortissime
Iesu perfectissime
Iesu gloriosissime
Iesu mirifice
Iesu iucundissime
I. charissime I. clarior sole
Iesu pulchrior luna
Iesu splendidior stellis
I. admirabilis I. delectabilis
I. honorabilis I. pauperrime
I. humillime I. mitissime
I. patientissime I. obedientissime
I. castissime I. amator castitatis
I. amator pacis I. amator noster
I. speculū vitę I. exēplar virtutum
I. decus morū I. zelator animarū
I. refugiū nostrū I. pater pauperū
Iesu consolatio afflictorum
Iesu thesaurus fidelium
Iesu gemma pretiosa
Iesu armariū perfectionis
I. Stella maris I. bone pastor ouiū
I. lux vera I. sapiētia ęterna
I. boni. infi.ta I. gaudiū Angelorū

miserere nobis Iesu.

Iesu Rex Patriarcharum
I. inspirator Prophetarū
I. Magister Apostolorū
I. Doctor Euangelistarū
I. fortitudo Martyrum
I. lumen Confessorū
Iesu sponse Virginum
I. corona Sanctorū omniū

miserere nobis.

Propiti.s esto parce nobis Iesu
Propiti.s esto exaudi nos Iesu
Ab omni peccato libera nos
Ab omni malo lib. nos Iesu
Ab ira tua Ab insidiis diaboli
A peste fame et bello lib.
A transgressiōe mādatorū tuor.
Ab incursu omniū malorū
Per incarnationē tuam libe.
P. aduentū tuū P. natiuitā tuā
Per circoncisionē tuam li.
Per dolores tuos P. flagella tu
P. mortē tuā P. resurrectionē tuā
Per ascensionem tuā libera
P. gaudia tua P. gloriā tuā lib.
P. dulcissimā Virginē matrē tuā
P. intercessionē omniū Sanctorū
Ag.s Dei qui tollis peccata mūdi
Ag.s Dei qui tollis pecc. m. ex. n. I.
Ag.s D. q. tol. pecc. mū. mi. no. Ie.
I. Chr. au. no. I. Ch. exau. nos.
Kyrie. Christe Kyrie eleison.
Pater noster. Aue Maria.
℣. Dñe. exaudi oration. meā.
℟. Et clamor me.s ad te veniat.

Oremus. Deus qui gloriosissimum nomē Iesu Christi Filij tui Dōni nostri fecisti fidelib.s tuis summo suauitatis affectu amabile, et malignis spiritibus tremendū atq terribile cōcede propitius vt omnes, qui hoc nomen Iesu deuote venerantur in terris Sanctę consolationis dulcedinē in praesenti percipiāt et in futuro gaudium exultationis et interminabilis beatitudinis obtineant in coelis. Per eundem. et c.

I. Durant f.

MATER AMABILIS.

LITANIÆ B. VIRGINIS
Kyrie eleison
Christe eleison
Kyrie eleison
Christe audi nos
Christe exaudi nos
Pater de cœlis Deus
Fili Redemptor mundi Deus
Spiritus Sancte Deus
Sancta Trinitas vnus Deus
miserere nobis
Sancta Maria ora
Sancta Dei genitrix o.
Sancta Virgo Virginu̅
Mater Christi
Mater diuinæ gratiæ
Mater purissima
Mater castissima
Mater inuiolata
Mater intemerata
Mater amabilis
Mater admirabilis
Mater creatoris
Mater Saluatoris
Virgo prudentißima
Virgo veneranda
Virgo prædicanda
Virgo potens
Virgo clemens
Virgo fidelis
Speculum iustitiæ
Sedes Sapientiæ
Causa nostræ lætitiæ
Vas Spirituale
ora pro nobis
Vas honorabile
Vas insigne deuotionis
Rosa mystica
Turris Dauidica
Turris eburnea
Domus aurea
Fœderis arca
Ianua cœli
Stella matutina
Salus infirmorum
Refugium peccatoru̅
Consolatrix afflictoru̅
Auxiliu̅ christianoru̅
Regina Angelorum
Regina Patriarcharu̅
Regina Prophetaru̅
Regina Apostoloru̅
Regina Martyrum
Regina Confessorum
Regina Virginum
Regina S.toru̅ omniu̅
ora pro nobis
Agnus Dei qui tollis pecca-ta mundi parce nobis Dn̄e.
Agnus Dei &c. exaudi n.
Agnus Dei &c. miserere n.
Christe audi nos
Christe exaudi nos
Kyrie eleison Christe e.
Kyrie eleison
Pater noster
et ne nos inducas c.
Sed libera nos c.
Domine exaudi c.
et clamor meus c.
Oremus
Protege Domine famulos tuos subsidiis pacis: et B. Virginis patrociniis confidentes a cunctis redde securos.
Per Christum &c.

SEPTEM PSALMI PŒNITENTIALES.

Antienne Ne reminiſcaris.

Pſalm. 6.

DOmine ne in furore tuo arguas me:
neque in ira tua corripias me.
Miſerere mei, Dñe, quoniam infirm⁹ ſum:
ſana me Dñe quoniam cõturbata ſũt oſſa mea.
Et anima mea turbata eſt valde ſed tu
Domine, vſquequo.
Conuertere, Dñe, et eripe animam meam:
ſaluum me fac propter miſericordiã tuam.
Quoniam non eſt in morte qui memor ſit
tui: in inferno autem quis confitebitur tibi?
Laboraui in gemitu meo, lauabo per
ſingulas noctes lectum meum: lachri-
mis meis ſtratum meum rigabo.
Turbatus eſt à furore oculus meus, in-
ueteraui inter omnes inimicos meos.
Diſcedite à me õnes qui operamini iniqui-
tatẽ, quoniã exaudiuit Dñs vocem flet⁹ mei.
Exaudiuit Dominus deprecationẽ meam:
Dominus orationem meam ſuſcepit.
Erubeſcant et conturbentur vehemẽter
omnes inimici mei: conuertantur et erubeſcant valde velociter. Gloria Patri &c.

Pſalm. 31.

Beati quorum remiſſæ ſunt iniquitates et
quorum tecta ſunt peccata.
Beatus vir, cui non imputauit Dominus peccatum: nec eſt in ſpiritu eius dolus.
Quoniam tacui inueterauerunt oſſa mea:
dum clamarem tota die.
Quoniam die ac nocte grauata eſt ſuper me
manus tua: conuerſus ſum in ærumna mea
dum configitur ſpina.

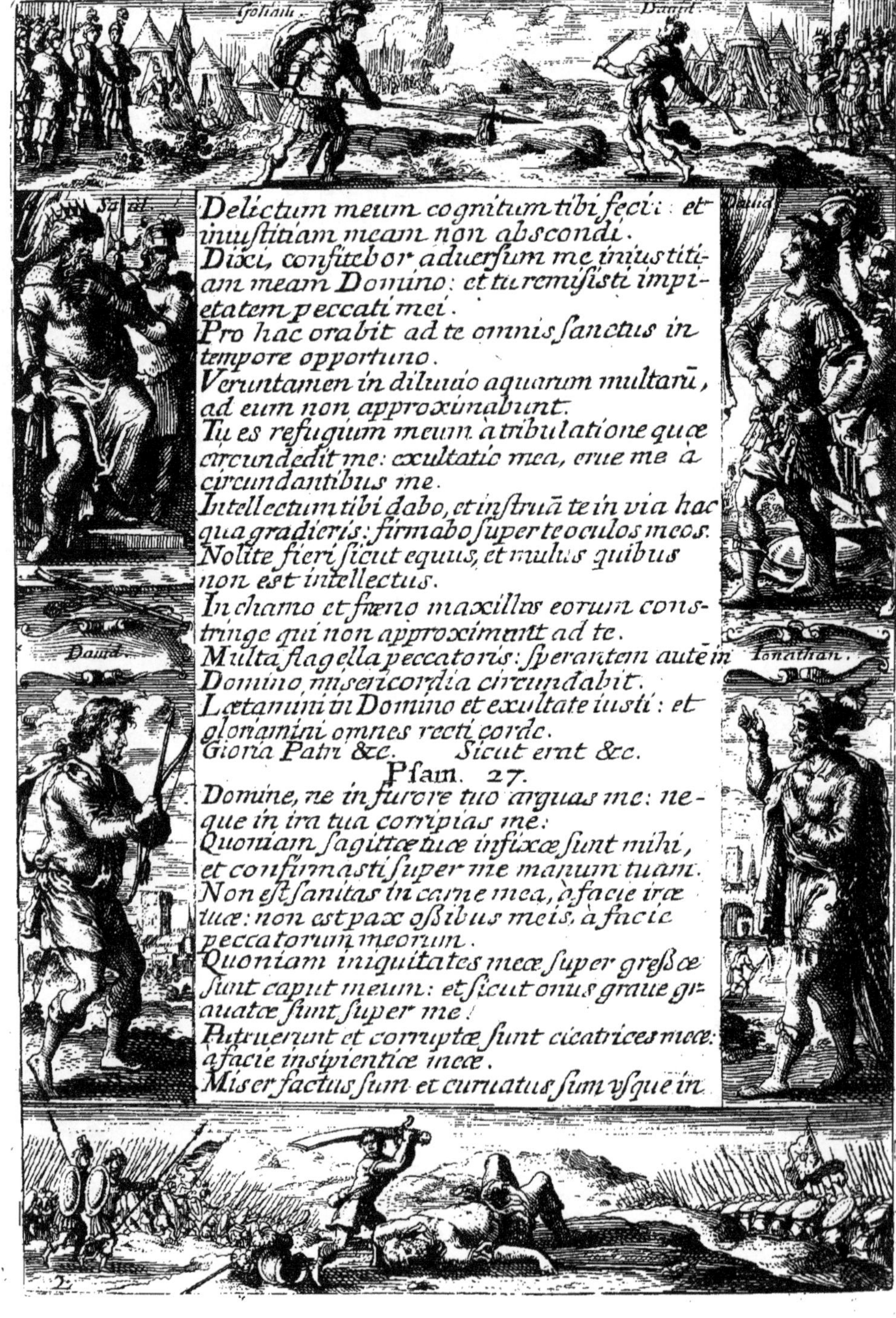

Delictum meum cognitum tibi feci: et
iniustitiam meam non abscondi.
Dixi, confitebor aduersum me iniustitiam meam Domino: et tu remisisti impi-
etatem peccati mei.
Pro hac orabit ad te omnis sanctus in
tempore opportuno.
Veruntamen in diluuio aquarum multarũ,
ad eum non approximabunt.
Tu es refugium meum à tribulatione quæ
circumdedit me: exultatio mea, erue me à
circumdantibus me.
Intellectum tibi dabo, et instruã te in via hac
qua gradieris: firmabo super te oculos meos.
Nolite fieri sicut equus, et mulus quibus
non est intellectus.
In chamo et fræno maxillas eorum cons-
tringe qui non approximant ad te.
Multa flagella peccatoris: sperantem autẽ in
Domino misericordia circumdabit.
Lætamini in Domino et exultate iusti: et
gloriamini omnes recti corde.
Gloria Patri &c. Sicut erat &c.

Psal. 27.

Domine, ne in furore tuo arguas me: neque in ira tua corripias me:
Quoniam sagittæ tuæ infixæ sunt mihi,
et confirmasti super me manum tuam.
Non est sanitas in carne mea, à facie iræ
tuæ: non est pax ossibus meis, à facie
peccatorum meorum.
Quoniam iniquitates meæ super gressæ
sunt caput meum: et sicut onus graue gr-
auatæ sunt super me.
Putruerunt et corruptæ sunt cicatrices meæ:
à facie insipientiæ meæ.
Miser factus sum et curuatus sum vsque in

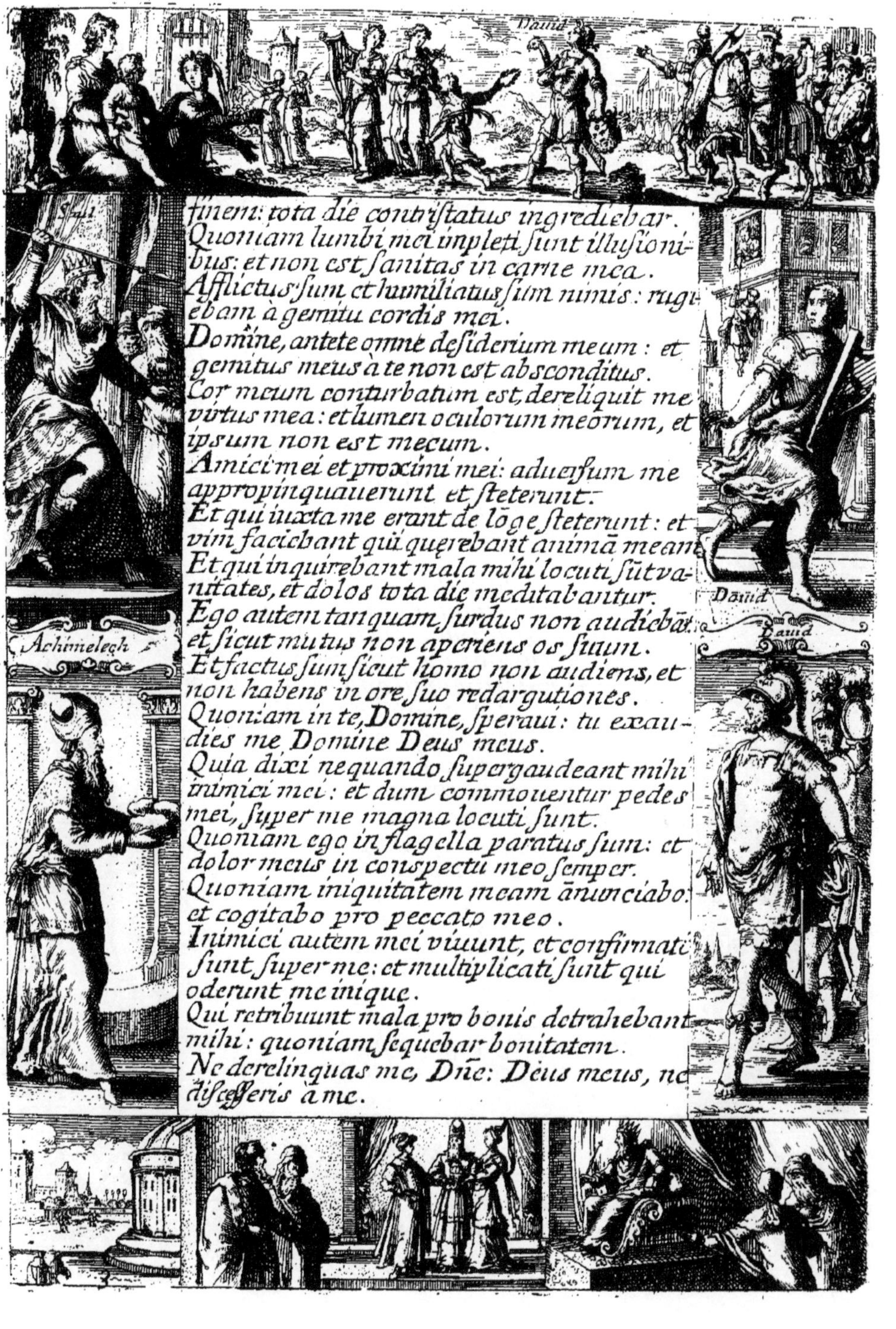

finem: tota die contristatus ingrediebar.
Quoniam lumbi mei impleti sunt illusioni-
bus: et non est sanitas in carne mea.
Afflictus sum et humiliatus sum nimis: rugi-
ebam à gemitu cordis mei.
Domine, ante te omne desiderium meum: et
gemitus meus à te non est absconditus.
Cor meum conturbatum est, dereliquit me
virtus mea: et lumen oculorum meorum, et
ipsum non est mecum.
Amici mei et proximi mei: aduersum me
appropinquauerunt et steterunt.
Et qui iuxta me erant de lōge steterunt: et
vim faciebant qui quærebant animā meam.
Et qui inquirebant mala mihi locuti sūt va-
nitates, et dolos tota die meditabantur.
Ego autem tanquam surdus non audiebā:
et sicut mutus non aperiens os suum.
Et factus sum sicut homo non audiens, et
non habens in ore suo redargutiones.
Quoniam in te, Domine, speraui: tu exau-
dies me Domine Deus meus.
Quia dixi nequando supergaudeant mihi
inimici mei: et dum commouentur pedes
mei, super me magna locuti sunt.
Quoniam ego in flagella paratus sum: et
dolor meus in conspectu meo semper.
Quoniam iniquitatem meam ānunciabo:
et cogitabo pro peccato meo.
Inimici autem mei viuunt, et confirmati
sunt super me: et multiplicati sunt qui
oderunt me inique.
Qui retribuunt mala pro bonis detrahebant
mihi: quoniam sequebar bonitatem.
Ne derelinquas me, Dn̄e: Deus meus, ne
discesseris à me.

Intende in adiutorium meum, Domine
Deus salutis meæ.
Gloria Patri &c. Sicut erat &c.

Psalm. 50.

Miserere mei Deus: secundum magnā
misericordiam tuam.
Et secundum multitudinem miserationū
tuarum: dele iniquitatem meam.
Amplius laua me ab iniquitate mea: et
à peccato meo munda me.
Quoniam iniquitatē meam ego cognosco:
et peccatum meum contra me est sēper.
Tibi soli peccaui et malū corā te feci: vt
iustificeris in sermonibus tuis, et vincas
cum iudicaris.
Ecce enim in iniquitatibus conceptus sum: et
in peccatis concepit me mater mea.
Ecce enim veritatem dilexisti: incerta et
occulta sapientiæ tuæ manifestasti mihi.
Asperges me, Dn̄e, hyssopo et mundabor:
lauabis me, et super niuē dealbabor.
Auditui meo dabis gaudium et lætitiam:
et exultabunt ossa humiliata.
Auerte faciem tuam à peccatis meis; et
omnes iniquitates meas dele.
Cor mundum crea in me, Deus, et spiritū
rectum innoua in visceribus meis.
Ne proijcias me à facie tua: et spiritū sanc-
tum tuum ne auferas à me.
Redde mihi lætitiam salutaris tui: et spiritu principali confirma me.
Docebo inicos vias tuas, et impij ad
te conuertentur.
Libera me de sanguinibus, Deus Deus,
salutis meæ et exultabit lingua mea

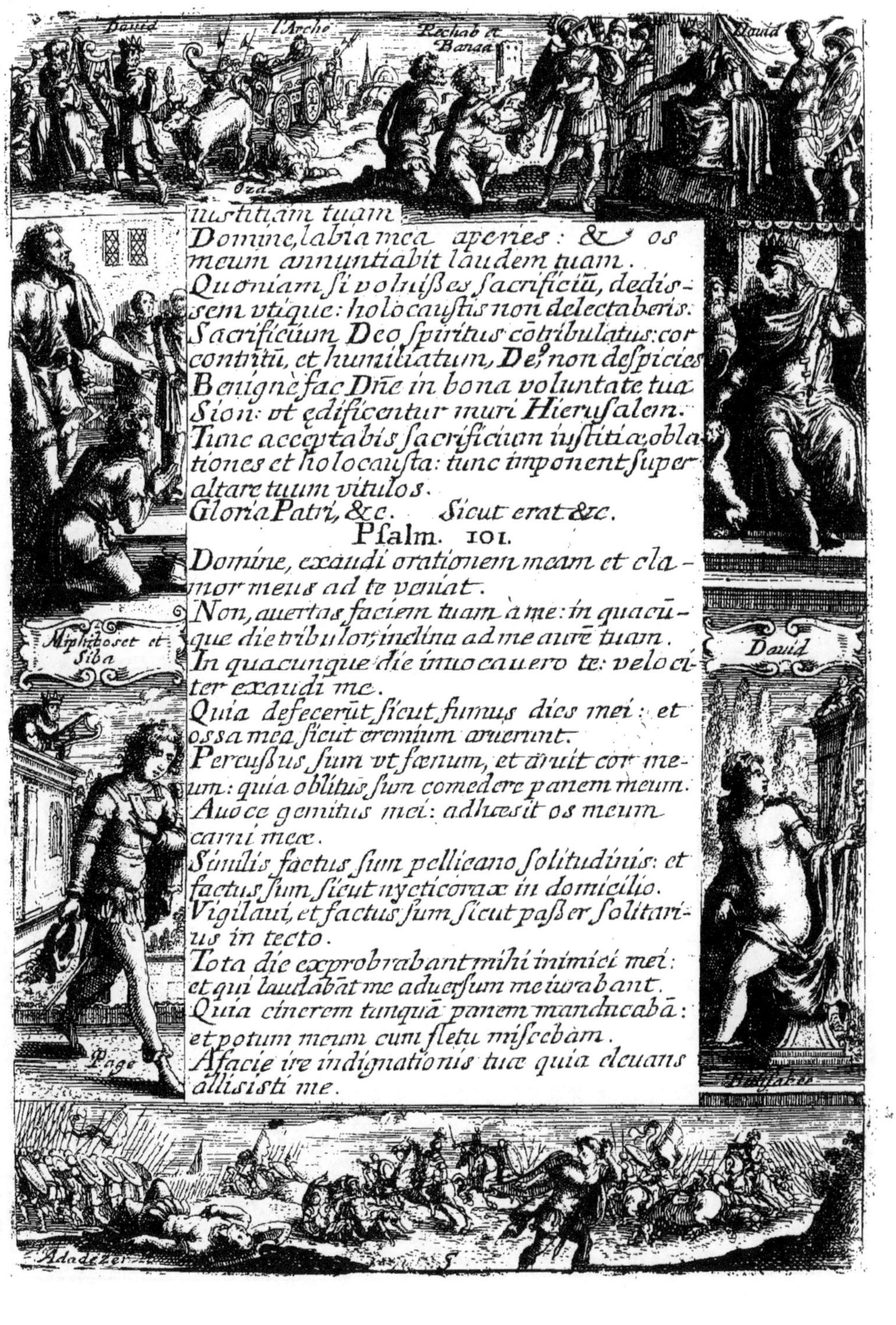

iustitiam tuam

Domine, labia mea aperies: & os meum annuntiabit laudem tuam.

Quoniam si voluisses sacrificiũ, dedissem utique: holocaustis non delectaberis.

Sacrificium Deo spiritus cōtribulatus: cor contritũ, et humiliatum, Deus non despicies.

Benignè fac Dñe in bona voluntate tua Sion: ut ędificentur muri Hierusalem.

Tunc acceptabis sacrificium iustitiæ, oblationes et holocausta: tunc imponent super altare tuum vitulos.

Gloria Patri, &c. Sicut erat &c.

Psalm. 101.

Domine, exaudi orationem meam et clamor meus ad te veniat.

Non, auertas faciem tuam à me: in quacũque die tribulor, inclina ad me aurẽ tuam.

In quacunque die inuocauero te: velociter exaudi me.

Quia defecerũt, sicut fumus dies mei: et ossa mea sicut cremium aruerunt.

Percussus sum vt fœnum, et aruit cor meum: quia oblitus sum comedere panem meum.

A voce gemitus mei: adhæsit os meum carni meæ.

Similis factus sum pellicano solitudinis: et factus sum sicut nycticorax in domicilio.

Vigilaui, et factus sum sicut passer solitarius in tecto.

Tota die exprobrabant mihi inimici mei: et qui laudabāt me aduersum me iurabant.

Quia cinerem tanquā panem manducabā: et potum meum cum fletu miscebam.

A facie iræ indignationis tuæ quia eleuans allisisti me.

Dies mei ſicut vmbra declinauerunt:
et ego ſicut fœnum arui.
Tu autem, Dn̄e, in æternum permanes: et me-
moriale tuū in generatione, et generationē.
Tu exurgēs, Domine, miſereberis Sion: quia
tēpus miſerendi eius, quia venit tempus.
Quoniam placuerunt ſeruis tuis lapides
eius: et terræ eius miſerebuntur.
Et timebunt gentes nomē tuum, Domine:
et omnes reges terræ gloriam tuam.
Quia ædificauit Dominus Sion: et vide-
bitur in gloria ſua.
Reſpexit in orationem humilium: et nō
ſpreuit precem eorum.
Scribantur hæc in generatione altera, et po-
pulus qui creabitur laudabit Dominum.
Quia proſpexit de excelſo ſancto ſuo:
Dominus de cœlo in terram aſpexit.
Vt annuntient in Sion nomen Domini: et
laudem eius in Hieruſalem.
In conueniendo populos in vnū: et reges
vt ſeruiant Domino.
Reſpondit ei in via virtutis ſuæ: paucitatem
dierum meorum nuncia mihi.
Ne reuoces me in dimidio dierum meorū:
in generatione et generationē anni tui.
Initio tu, Domine, terrā fundaſti: et opera
manuum tuarum ſunt cœli.
Ipſi peribunt, tu autem permanes: et omnes
ſicut veſtimentum veteraſcent.
Et ſicut opertorium mutabis eos, et mutabū-
tur: tu autē idem ipſe es, et āni tui nō deficient.
Filii ſeruorū tuorum habitabūt: et ſemen eorū
in ſæculum dirigetur.
Gloria Patri, &c. Sicut erat &c.

Pſalm. 129.

De profundis clamaui ad te, Dñe: Dñe, exaudi vocem meam.

Fiant aures tuæ intendentes: in vocem deprecationis meæ.

Si iniquitates obseruaueris Dñe: Domine, quis sustinebit?

Quia apud te propitiatio est, et propter legem tuam sustinui te Domine.

Sustinuit anima mea in verbo eius: sperauit anima mea in Domino.

A custodia matutina vsque ad noctem: speret Israël in Domino.

Quia apud Dominum misericordia: et copiosa apud eum redemptio.

Et ipse redimet Israël: ex omnibus iniquitatibus eius.

Gloria Patri, &c. Sicut erat &c.

Psalm. 142.

Domine, exaudi orationem meam, auribus percipe obsecrationem meam: in veritate tua exaudi me in tua iustitia.

Et non intres in iudicium cum seruo tuo: quia non iustificabitur in conspectu tuo omnis viuens.

Quia persecutus est inimicus animã meam: humiliauit in terra vitam meam.

Collocauit me in obscuris sicut mortuos sæculi, et anxiatus est super me spiritus meus: in me turbatum est cor meum.

Memor fui dierum antiquorũ meditatus sum in omnibus operibus tuis: et in factis manuum tuarum meditabar.

Expandi manus meas ad te: anima mea, sicut terra sine aqua tibi.

Velociter exaudi me, Domine: defecit spiritus meus.

Non auertas faciem tuam à me et similis

ero descendentibus in lacum.
Auditam fac mihi mane misericordiam tuam: quia in te speraui.
Notam fac mihi viam in qua ambulem: quia ad te leuaui animam meam.
Eripe me de inimicis meis; Domine, ad te confugi: doce me facere voluntatem tuam: quia Deus meus es tu.
Spiritus tuus bonus deducet me in terram rectam: propter nomẽ tuum Domine, viuificabis me in æquitate tua.
Educes de tribulatione animam meam: et in misericordia tua disperdes omnes inimicos meos.
Et perdes omnes qui tribulant animam meam: quoniam ego seruus tuus sum.
Gloria Patri, et Filio, et Spiritui Sancto.
Sicut erat in principio et nunc et semper &c.
Ant. Ne reminiscaris Domine, delicta nostra, vel parentũ nostrorum, neque vindictam sumas de peccatis nostris.

Domine, non secundum peccata nostra, quæ fecimus nos, neque secundum iniquitates nostras, retribuas nobis.

Domine, ne memineris iniquitatum nostrarum antiquarum; cito anticipent nos misericordiæ tuæ, quia pauperes facti sumus nimis.

Adiuua nos Deus, salutaris noster et propter gloriam nominis tui Domine libera nos, et propitius esto peccatis nostris, propter nomen tuum.

Opera manuũ tuarum, Dñe ne despicias.

Oraison deuant la Confeßion.

Ie confeße mon Dieu que ſil vous plaisoit me punir pour mes pechés, jai merité lenfer auec tous ces ſupplices mais vostre justice ſeuere na reserué ces chaſtimentz que pour ces ames rebelles et endurcie en leur pechés et non pas pour celles qui auec ſindereße de vous auoir offencé ſe iettant entre les bras de vostre miſericorde alaquelle jai auiourdhui recours mettant toute ma confiance aux merites de vostre passion et en la vertu du Sacrement de penitence auquel ie me viens preſeter. Amen.

Oraison apres la Confeßion.

Mon Seigneur Ieſus Christ qui aues dit que tout ce qui ſera deslié et absous en terre le ſera pareillement au ciel je vous ſupplie de tout mon coeur o mon Sauueur que mes pechés ſoient absous au ciel comme ils le ſont en la terre et que la ſentence qui a esté pronōcée par vostre vicaire en faueur de mes pechés me ſerue d'vne abolition generale pour toutes les offences de ma vie passee.

Amen.

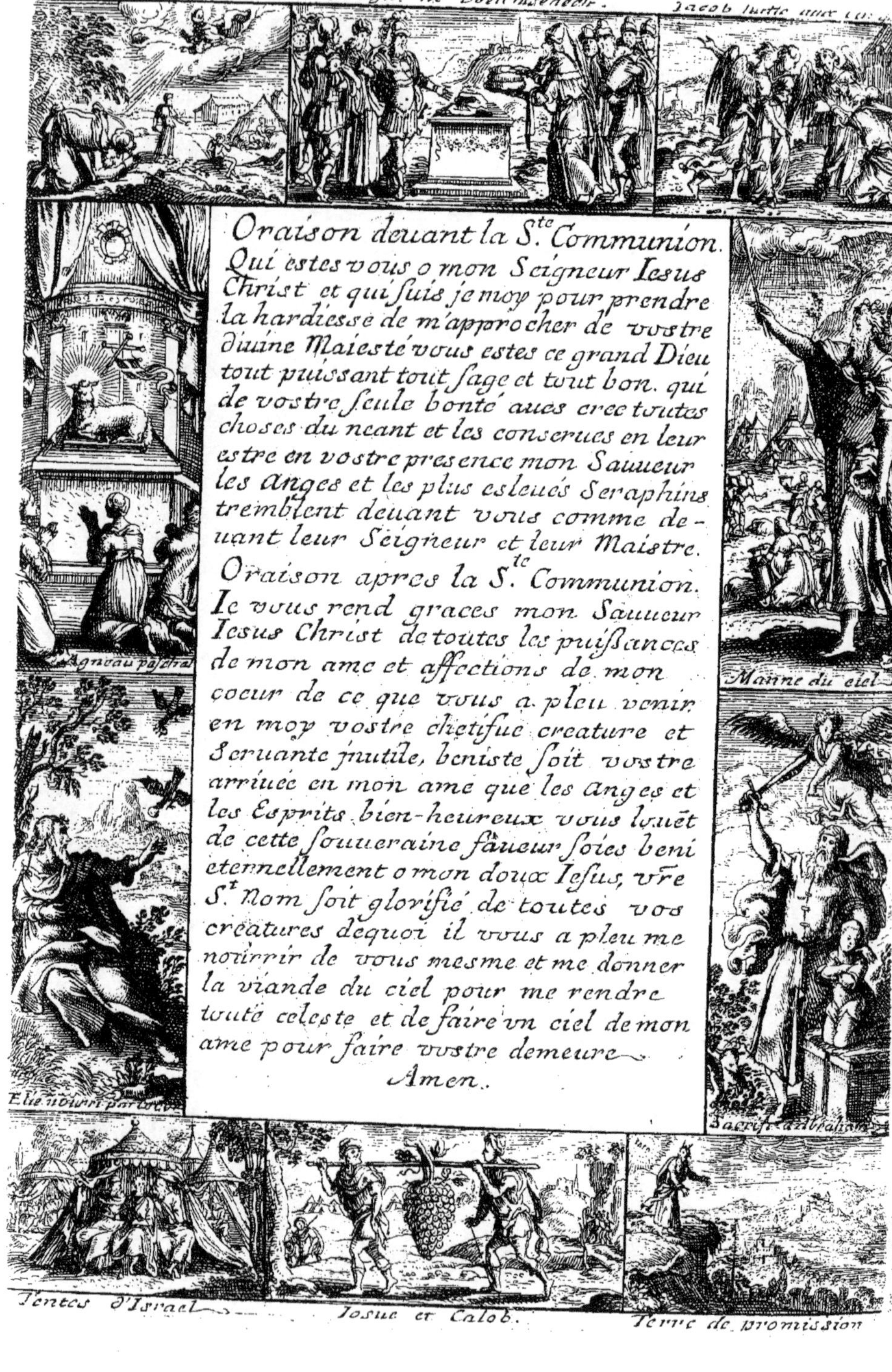

Oraison deuant la S.te Communion.

Qui estes vous o mon Seigneur Iesus Christ et qui suis je moy pour prendre la hardiesse de m'approcher de vostre diuine Maiesté vous estes ce grand Dieu tout puissant tout sage et tout bon. qui de vostre seule bonté aues cree toutes choses du neant et les conserues en leur estre en vostre presence mon Sauueur les Anges et les plus esleués Seraphins tremblent deuant vous comme deuant leur Seigneur et leur Maistre.

Oraison apres la S.te Communion.

Ie vous rend graces mon Sauueur Iesus Christ de toutes les puissances de mon ame et affections de mon coeur de ce que vous a pleu venir en moy vostre chetifue creature et Seruante inutile, beniste soit vostre arriuée en mon ame que les Anges et les Esprits bien-heureux vous louët de cette souueraine fâueur soies beni eternellement o mon doux Iesus, vr̃e S.t Nom soit glorifié de toutes vos creatures dequoi il vous a pleu me noirrir de vous mesme et me donner la viande du ciel pour me rendre toute celeste et de faire vn ciel de mon ame pour faire vostre demeure.

Amen.

Extraict du Priuilege du Roy.

Par grace et priuilege du Roy en datte du 9.e Juin 1651. Signé
il est permis a François Mazot d'imprimer vn Liure intitulé le Tableau de la croix representé dans les cerimonies de la S.te Messe, ensemble le Tresor de la Deuotion aux soufrances de Nostre Seigneur Jesus Christ le tout enrichi de belles figures et ce durant le temps et espace de dix années consecutif.ues et deffances sont faictes a tous Imprimeurs Libraires et autres d'imprimer ledit Liure d'en vandre et contrefaire et mesme d'en faire extraire aucune chose a peyne de mil liures d'amande et de tous despans dommages et interests cōme il est plus amplement porté par ledict Priuilege.

Acheué d'imprimer ce 20.e Septembre 1652.

www.ingramcontent.com/pod-product-compliance
Ingram Content Group UK Ltd.
Pitfield, Milton Keynes, MK11 3LW, UK
UKHW020336180726
13839UKWH00002B/746